Prise de parole

Éditions Prise de parole
205-109, rue Elm
Sudbury (Ontario)
Canada P3C 1T4
www.prisedeparole.ca

Nous remercions le gouvernement du Canada, le Conseil des arts du Canada, le Conseil des arts de l'Ontario et la Ville du Grand Sudbury de leur appui financier.

Canada

ONTARIO ARTS COUNCIL
CONSEIL DES ARTS DE L'ONTARIO
an Ontario government agency
un organisme du gouvernement de l'Ontario

Greater Grand Sudbury

Conseil des Arts du Canada
Canada Council for the Arts

Oubliez

De la même auteure

Roman

Une sorte de nitescence langoureuse, Lévis, Alire, 2017.

La Saga d'Illyge, Lévis, Alire, 2011.

Terre des Autres, Lévis, Alire, 2004, prix des Lecteurs Radio-Canada, prix Boréal.

Elle meurt à la fin, avec Brigitte Caron, Montréal, PAJE, 1993.

Études et autres

Avec Magali Uhl, *La science-fiction : de la perspective à la prospective*, Montréal, Les cahiers de la CRSDD, 2012.

Avec Suzanne Grenier, *Guide pratique de communication scientifique. Comment captiver son auditoire*, Montréal, ACFAS, 2002.

Avec Julia Bettinotti et Gaëlle Jeannesson, *Les 50 romans d'amour qu'il faut lire*, Québec, Nuit Blanche, 1996.

Traductions (avec Suzanne Grenier)

Nancy Kilpatrik, *La passion du sang, Le pouvoir du sang 4*, Beauport, Alire, 2004.

Nancy Kilpatrik, *Renaissance, Le pouvoir du sang 3*, Beauport, Alire, 2002.

Nancy Kilpatrik, *La mort tout près, Le pouvoir du sang 2*, Beauport, Alire, 2001.

Nancy Kilpatrik, *L'enfant de la nuit, Le pouvoir du sang 1*, Beauport, Alire, 2001.

Leona Gom, *Le chromosome Y*, Beauport, Alire, 2000.

Trente exemplaires de cet ouvrage
ont été numérotés et signés par l'auteure.

Sylvie Bérard

Oubliez

Poésie

Éditions Prise de parole
Sudbury 2017

Photographie en première de couverture : Suzanne Grenier, *Brume matinale dans Peterborough County*, photographie, 2017
Conception de la première de couverture : Olivier Lasser

Accompagnement : Chloé Leduc-Bélanger
Infographie : Camille Contré
Correction d'épreuves : Camille Contré, Lisa Pujol et denise truax

Diffusion au Canada : Dimedia

Catalogage avant publication de Bibliothèque et Archives Canada
Bérard, Sylvie, 1965-, auteur
Oubliez / Sylvie Bérard.
Poèmes.
Publié en formats imprimé(s) et électronique(s).
ISBN 978-2-89744-075-6 (couverture souple).
– ISBN 978-2-89744-076-3 (PDF).
– ISBN 978-2-89744-077-0 (EPUB)
I. Titre.
PS8553.E6225O82 2017 C841'.54 C2017-904721-3
C2017-904722-1

ISBN 978-2-89744-075-6 (Papier)
ISBN 978-2-89744-076-3 (PDF)
ISBN 978-2-89744-077-0 (ePub)

Celle qui n'a jamais vécu l'oubli en sa propre présence
n'a vécu aucun oubli. Je parle de l'oubli qui nous est témoigné
par choix ou par la force des choses. Nous sommes dans la face
du monde et celui-ci ne nous reconnaît pas les reconnaître.
Je parle de deux oublis.

Ainsi continuèrent-ils à vivre dans une réalité fuyante,
momentanément retenue captive par les mots, mais qui
ne manquerait pas de leur échapper sans retour
dès qu'ils oublieraient le sens même de l'écriture.
Gabriel García Márquez, *Cent ans de solitude*

Premier oubli

Il file dans le crépuscule de mars ce train où je suis seule parmi d'autres. Je pourrais être en voiture, avec vous, mais vous avez choisi un destin parallèle. J'aimais le temps où nos sièges s'effleuraient jusqu'à se toucher, côte à côte tandis que nous roulions dans les voies boréales. Le train d'aujourd'hui fait route à mi-chemin entre le nord et le sud, sur ses deux rails, il va vers une espèce d'Est symbolique qui signifie tantôt le retour aux sources tantôt le surplace. Car il est difficile de revenir d'où l'on est partie, en fait, pour être honnête, on n'en revient jamais vraiment, notre esprit déraille toujours imperceptiblement, seuls les trains et les fous repassent deux fois dans les mêmes traces. Je ne veux pas marcher dans les mêmes ornières, je ne veux même pas les apercevoir à mes pieds, parce que je ne veux pas des voyages à contresens.
Je veux chaque syllabe neuve dans l'enfilade des jours, je veux que ma vie soit ponctuée de fraîcheur. Je ne veux pas l'oubli.

Dans un monde parallèle vous ne m'avez pas
trahie
Les moments ont continué de se traduire
Chaque page et ses correspondances
Dans ce monde il est resté des lits
De mon côté

Les antipodes n'ont pas exercé leur force
Dans ce monde où tout était possible
Vous n'êtes pas partie en tournant les talons
En me faisant dos
En tournant le coin comme si les artères n'avaient
pas existé
Vous êtes restée
Comme celle en qui j'avais toujours eu foi
La glace ne s'est pas installée

Se rappeler des heures de draps frais
Les noter bien vite entre les pages
Parce que nos corps ont été des mots heureux
Parce qu'ils se sont écrit des avenirs
Parce que les lits sont des partitions
Allez, vite, tout inscrire dans le livre
Vos mains dans mes lèvres
Nos souffles haut perchés
Les couvertures impuissantes à nous contenir
Mais l'air me manque
Vous qui souffliez aspirez tout
Vous voulez que les baies disparaissent
Vous ne regardez pas derrière tant qu'à fuir

Il y a un âge où je suis encore près de vous
Le vent n'a pas balayé les feuilles
Un âge de prières tenues
Rien n'a été piétiné
On peut encore grimper librement aux lierres des heures
Durant
Le temps

On cueille des fruits rouges
On se les écrase sur les joues en riant
Couchée en croix dans l'herbe je vous regarde debout
Vous êtes grande et encore parfaite
Vous n'avez pas vieilli d'une ride
J'ai six ans et votre âge est tout
La vie devant et derrière

Elles vont faire du cinéma
De grandes scènes
Leurs costumes bien empesés
Battent leurs talons polis
Lorsque l'on dit « coupez »

Les salles de province
Se bordent d'yeux curieux
Quand elles s'affichent

La belle sur les rails
Les héros d'opérette

Leurs noms lumières clignotent
Les mains n'écrivent pas
Applaudissent
À la moindre réplique

Il nous faut plus de maquillage

La confiance un tronc qui s'érige au milieu des
jardins
Montre dans le ciel un arbre insolent
Elle fait du vent
Petite boule de peluche fragile qui s'empoussière
vite si l'on n'y prend garde
Une fleur mais de soie car les vraies résistent au
gel
La confiance est une pousse qui se flétrit au
moindre souffle
L'automne est dur sur les feuilles
Le doute n'entend rien à rien lorsqu'il s'installe
Les mains dans les mains se figent mal étreintes
La fragilité se dresse vite dans l'ombre verticale
incertaine
Un jour on aime grimper aux arbres, et puis on
s'accroche aux bancs

Vous jouez à vous faire mal avec des fleurs de cheveux
Je plante les épines dans mes paumes je souris
Dans le vase le bouquet s'enlise
Dans l'eau répandue
Le chien lape
Éclaboussure de feu
Mes mains saignent maintenant

La coupe de roses s'échevelle
« Ne sommes-nous pas sauvages »
Semblent dire les portraits fixes
Les clous dessinent des ramures
Sous le papier expressif

Les feuilles dorment
Le métal précieux perdu
Les fleurs de papier claquent dans l'air
Comme si elles se prenaient pour moi
Sans être

Il reste des touchers – quoi ?
Qu'est-ce qui n'a pas été souillé de mains sales ?
Les engagements – recouverts de chiendent
Le sacré – lancé dans le monde
Les promesses – taries de rivières polluées

Tout cela donnait nous
Les racines rondes et pleines
Les équations débalancées
Rien de ce qui était n'a plus cours
Sans marche et sans larme – néant
Que reste-t-il d'avant qui ne soit annulé par cette chose-là ?

« L'amour me manque », tels sont les mots crus de votre absence lorsque vous me parlez des photos qui me blessent, mais je ne veux pas d'images qui s'estompent, de statues sur lesquelles on jette un voile pudique, je veux que la réalité, dessous, soit solide comme jamais. Je ne veux pas d'enluminures. Je veux que vous restiez dans la photo ou, plutôt, je ne veux pas qu'on m'en chasse. Je veux sourire pour vous devant l'objectif. Je veux regarder demain, dans un beau fondu au jour.

Sur l'écran il repasse
Le fil qu'il ne peut contenir
Les serpentins sauvages qui s'échappent des têtes
Comme des bobines de vie bleue

De ces scènes il ressort des plages
Que les vagues battent de leur souffle
La peur bien présente
Qui fouette à chaque pas
Bienvenue

L'écran se brouille d'éclats et la scène est derrière
Elle était vraie tout ce temps
Et l'imitation pauvre
S'en va se rhabiller
De motifs humides

C'est là que vous étiez disparue
Sans annonce ni trompette
Vous aviez préféré faire flotter la vague présence
Pourquoi ne dites-vous pas vos ailleurs ?
Le roc au cœur vaut mieux que l'attente
Les lames qui ondulent au large

Je devrais moi aussi arrêter de dire
N'exister toujours qu'après-coup
Comme une confirmation de la marée montée
puis descendue
L'envolée est si belle entre deux eaux
On ne s'y mouillerait pas
On serait bien n'est-ce pas

Cette place que vous faites au vent
Matière stérile
Cet entêtement à la fuite
Tourments cachés
Vous vous entraînez à disparaître
Comme si vous vous tuiez

Vous construisez sur des sables mouvants
L'empressement à blesser brise les miroirs
Quand l'eau rampe vers les petites profondeurs

Cette plage d'avant où nous étendions nos corps
Est encore trop sur la carte pour que je la creuse
de châteaux
Je ne supporte pas les enfouissements
Que vous cherchez ailleurs

Ce que vous cherchez vous ne trouverez pas là
Les jours ne se répèteront pas
Vous ne trouverez que mer morte
Vous lèverez les yeux
Plus rien ne sera

La télé joue maintenant des scènes convenues
Du sang faux

Il n'y a jamais eu assez de temps
Les heures ont toujours été trop fines
Nous nous les promettions pleines
Nous les tissions en rêve
J'y croyais

Des fils de joie

Et puis il y a eu le prétendu
Le soleil s'accotait sur les plaines
En faisant semblant de se lever

Toujours il manquait
Et vous avez arraché les aiguilles rares
Les avez enfoncées dans les bouches ouvertes
avides
Qui les ont mangées goulues

Il est trop tard pour revenir aux cordes tendues
Les appétits n'ont plus de fin

Je vous imagine plaquée sur une roche
Que vous essayez de remonter comme le temps
Le contrat entre vos mains
Vous entaille la peau
Des éclats de chevilles

Mais la roche bouge imperceptiblement
Vous arrachant des sourires menteurs
Esse enfoncée dans le sol meuble
Sous les mains écrasées
Sans reconnaissance

Comment lutter contre l'histoire du monde
Quand l'âge de pierre ne veut pas finir

Je n'ai jamais dit que nous n'étions que deux
Il y a toujours eu le monde
Et ses amours ne se limitaient pas
Pas plus le vôtre que les leurs
Et le mien au milieu

Je n'ai pas à vous offrir
Vous courez le monde en partage
Les seins pointés
Il y eut un temps où j'aimais les papillons verts
Semés dans les fêtes

Il n'est pas question de murs
Les chemins sont ouverts

Dans l'enchevêtrement des sens
Les miens perdus
Le nord lent

Cessent de s'aimer, les gens
Pour rien, comme ça
Trop beaux pour être vrais
S'en vont
Ne sourient à personne

En aiment d'autres, eux
Parce que les cœurs sont remplaçables
Il y en avait un, là, et puis
Il fait tapisserie

N'aiment plus aimer, ceux qui
À court d'amour déçoivent
Même si on y tient encore

Elle arrivait, arrive, arrivera
Armée de chocolat
De sa main libre frappait à la porte cherra
De l'œil constatant les murs

Le battant est sans cœur
La clé ne tourne pas
Les friandises ont fondu dans les mains chaudes
Figées d'effroi

La porte reste là
Sans personne derrière

Il y en a une qui frappe
En dernier
Et l'autre qui part de son côté
Du seuil

Sans s'essuyer les pieds
Dans les miettes de bonbons clairs

Vous n'alliez pas m'en faire accroire
Je n'aurais pas été bernée
J'ai connu les extases
Je sais dire les nuances
Même lorsqu'elles ne penchent pas vers moi

Vous ne viendrez pas me dire que vous ne m'aimez pas moins
Je sens très bien vos frissons
Même absents
Vous ne me cacherez pas en plus les détails
Vous me devez bien ça

Vous ne me mentirez pas sur ma propre disparition
Ce serait m'effacer deux fois
Pardonnez si je vous scrute
En quête d'un souffle
Pardonnez si j'agite les bras
Dans l'espoir d'une reconnaissance

Vous vous en retournez
Ce sont des choses qui arrivent tout le temps
Vous ne m'empêcherez pas de le dire bien haut

Nous additionnions les vies
Ce n'était pas un secret
Les corps frétillaient
Des alevins vivants
Ils n'étaient pas intervertis

Pourtant vous avez jeté l'ancre
Renversé le bateau dans sa coquille
Elle se tenait sur le pont
Grosse sous les nœuds
Les autres dans la cale
Entassés et négligeables
La voile sous la surface
Toile délavée

Dans cette sphère sans couleur
Tenté le sort
Vous, emboîtée à elle
Contre toute logique
Essayant pourtant
De convaincre du mieux
Alors que le pot prend l'eau

Il se peut que les deux pierres
Ne se frappent pas d'étincelles
Il se peut qu'une troisième
S'immisce
Puis une autre

Possible que l'éclat vienne imprévu
Des silex alignés

Ouverte ou fermée la montagne scintille
Les couchers l'animent de silhouettes aveuglantes
Il se pourrait que les avalanches s'annulent
Et que de leur rafale
Se discerne un contour

Je ne le nie pas

Ce qui est dit
C'est que le mouvement sans fin
Érode le grès
La poussière s'accumule dans les recoins des
lustres
Il faut choisir
Parce que sinon il n'y aurait que pertes
Il faut dire
La destruction

Les fêtes ne durent pas sombrent
S'éteignent dans leur contraire
La haine des bals vifs
Danse puis lutte
Dans son aigreur

Les fêtes ne sont pas neutres
Entre leurs pôles : la tiédeur
On veut s'en échapper
Et donc la détestation du monde

Vous n'êtes plus attirée par les joies
Autres que celles qu'on vous prête
Vous étiez celle qui court
Maintenant attelée à la roue sans fin
Plaquée
Rejetant les cimes

La musique blanche tachetée de signes
La rougeur aux joues comme des plaques de sang
Vos pieds qui se prennent

Évidemment une strate a été enlevée
De force le derme dessous
Les soies frottent et blessent
Ça ne se calmera pas

Cela se sait à distance
Les sporanges lointains brûlent
Le sous-bois pourrit tranquillement
Sans chaleur

Il a fallu que l'on gratte
Bien souligner le vif
Des espaces cachés font mal
Ils n'étaient pas destinés à regarder le jour
Maintenant cru

Comme si les reproches pouvaient rouvrir les
passages égarés
Comme s'il était possible de retrouver par l'effort
ce qui vient des sources

Les cascades chantonnantes qui tintent sur le roc
Les rapides qui chatouillent les mousses

Les eaux muées
En remugle remontent aux amonts

La pluie vers le ciel
Les brumes enveloppent tout

Comme si on ignorait qu'on ne peut rattraper
Comme si on croyait à l'espace hors de la vie

Pour une fois, ce n'est pas du temps
volé. Cet épisode, au contraire des
mensonges, des fausses histoires,
détournée la réalité, est dans l'ordre
des choses. Je devrais me détendre.
Je ne suis pas abattue. Juste épuisée
de nos mésententes fractales.
À cause des autres fois qui
tachent comme les rouges des
bouches ou des bouteilles.

Partir ne serait pas assez odieux.

Vous disiez le temps et je vous croyais
Patience je pensais et vaquais

Il y avait des lendemains au pied du lit
Ils n'attendaient qu'à être tirés

Vous disiez le temps
Pensiez-vous la distance
Déjà quand vous faisiez semblant

Vous avez joué le grand saut
Des draps enveloppée
Je suis restée nue

Le blanc flottait dans le cadre

Ma voix enrouée disait les dangers
Au-delà de la porte
Vous avez ri de mes couvertures glissées

L’écorce est encore là
Le fruit enfoncé dans la gorge
Il est encore présent le suc
Même si perlé de sel

Dans le creux, les miels asséchés
Mais il reste de l’eau
Qui pourrait les faire renaître
Si on leur donnait du temps

Les feuilles même repousseraient
Si on laissait les tiges
Le sol est bon
Même dans les déversements arides

Les modèles me font mal
Sur leur piédestal mou
Je m'y enfonce et ça serre
Partout autour

On prend la poupée à bras-le-corps et on la charge dans les barges
Ses traînes derrière oubliées

Vite, il faut partir
Son bras en l'air comme une reine obscène

J'ai dit trois et peut-être quatre ou cinq
Les lumières ne se comptent pas
Je ne voudrais que lire
À la lueur des mots

Les verbes étaient d'amour
Vous étiez leur sujet
Et tout était clair

Mais il fallait s'amasser, oui
Les beaux gros chiffres ronds qui hantent
Il fallait vous tenter
Vous pensiez que ce n'était pas assez

Je n'ai jamais rien volé
Je n'en profite pas
Les portes dérobées
Ne brillent pas dans mes nuits
Je n'attirerai pas les attentions
Je ne vous y pousserai pas

Lorsque vous me manquez
Votre absence est légion
Vous vous pavanez dans des tailles de guêpe
Votre talle étrangère sucrée

Les espaces vacants
Les miels arrêtés

Ces yeux
Qui ne se posent pas
Destins inassumés de petites places
Ces joues
Sans nouvelles ni papier
Sans ailes ni bruit

Lorsque vous me désertez
Le vide me rappelle

Je vous comprenais
Dans la mesure des possibles
Vous aviez un sens
La saison des rebours n'était pas encore tombée

Votre tête pleine de rêves
Les yeux allumés
Jetaient des regards dans la vie

Je saisissais vos avenues
Vos mains faisaient arriver les choses
Vos doigts n'étaient pas crispés sur l'angoisse
C'était le temps des fruits rouges coulants
Dans les cascades candides

Du solide en vous
Qui n'était pas que glace
De quoi se mettre sous la dent
Je le sais, j'ai croqué
Vos frissons

Les chats rôdent
Ils sentent les meubles déplacés, vides
Ils s'inquiètent de l'eau, bien sûr, ce sont des chats

Ils vous faisaient éternuer
Avant votre grande maladie
Cela m'inquiétait comme si c'était le pire qui puisse arriver

Les chats se collent à mes bras libres
J'aime à penser qu'ils ne sont pas dupes
Leurs poils clairs sur mon noir
Leurs pattes dans ma chair douillette
Libre de vos griffes
Depuis quand vos ongles sont-ils courts ?

Les chats jubilent de la solitude
Je suis à eux sans distraction secondaire
À votre image ?

J'ai pleuré dans leur fourrure
Les mouchoirs blancs collés aux joues
Même repoussés ils reviennent
Leur queue en point d'interrogation

Quand vous embrassez en catimini
Ne vous manque-t-elle pas la braise
Dans cette bouche de cendre
Où la mort est passée ?

Quand vous sucez les gâteries amères
Désolés les délices étalés
De vos nocturnes peuplades

Dans les genoux faussement fléchis
Entailles du corps
Vos yeux confondent les ferveurs
Soumises
Des fosses

Êtes-vous morte ou juste ailleurs
Des goûts échantillons
Desséchés

Le train est revenu
De loin les regards inchangés
Les valises sont restées
Là-bas où elles s'empilent
Les mites les brodent
De cartes changeantes

Le train siffle
À son coup guilleret
Les outres
Éventrées sur le quai
Leurs liquides répandus entre les railleries
Retenues

Le point d'acier se rompt
La voix se brise
Les broussailles de traverse
S'immiscent dans les roues
Comme des paquets de petits bâtons polis
Qui éloignent et stoppent
La naissance

Il n'y a pas de vol
Les portes sont sûres
On ne les force pas

Vous tenez jalousement les battants
Des bijoux convoités
Personne ne les veut

Vos tambours inoccupés
Les fenêtres claqueront par-devant les antres
Respirez
N'ayez pas peur

Les mains sont munies de clés
Comme les petits doigts taillés pour les serrures
Ne rien forcer

Sur le crochet derrière la porte
Une robe
Payée au prix fort

Je ne lutterai pas
Le temps surviendra de lui-même
Ou les montres briseront
Écrasées par d'autres sabots

Vous choisirez les heures ou le glas
C'est comme vous voulez

Je ne regarderai pas s'égrener les ors
Des perles sur nos peaux jeunes
Le temps n'engluera pas les pas
Je me tairai avant

Difficile pour moi de ne pas lire l'indifférence
dans le silence et l'absence
J'aimerais cesser de cesser de penser aux raisons
en travers du monde.

J'entends que le train passe

Cette histoire devait finir bien et pourtant
J'aurais répondu le bonheur avant et puis
La beauté aurait transparu sans qu'on la dise
Je ne parlais pas de vous qui étiez partout

L'histoire d'un sursis

Cela finit comme si tout s'était écrit
Roman plus tendu que la vie
À la perte des actrices
Faiseuses de trames

Vous êtes partie dans son temps
Happée par son train qui arrache toutes les scènes

Je suis ici à peine à gué
Mais moins triste que l'autre jour

Pourquoi n'êtes-vous pas capable de rendre les signes
Pourquoi faut-il que vous laissiez des chemins inaccomplis

Vous rendez la beauté sans droiture
Le convoi des murs

Mes mots sont des poupées
Que vous travestissez de laine
Vous les plongez dans le soufre
Pour les accuser de brûler

Vous dites qu'ils sont des armes
Pointées vers vous
Vous leur demandez de rester dans les tiroirs
À clé

Quand les poupées miment
Les imitations de rêves
Vous ne les voyez pas
Vous leur jetez un voile

Quand je vous les donne
Chaque catin décorée avec soin
Vous les laissez derrière
À la queue du train

Comme des rappels qui chauffent
Comme si c'était elles les coupables

Vous êtes assise devant moi et je ne suis pas là. Votre regard fuit à l'intérieur de vous qui est rempli d'elle, réceptacle désormais triste. Vos bras sont baissés jusqu'au sol. Je pleure. Je me rappelle les beautés de vos intentions, la pureté de vos malices. Elles se sont perdues quelque part sur une autoroute où tout le monde roulait innocemment, sans trop y penser. En ce temps, même quand j'étais tout contre vous, vous me voyiez tout entière, votre main sur mes lèvres qui la baisaient.

Rien ne se rappelle.

Second oubli

Je passe te voir. Tu n'y es pas. Ou plutôt, quand je sonne à ta porte, tu ne réponds pas. Je frappe, au cas où la sonnette serait brisée, mais tu ne viens pas ouvrir. Pourtant, je t'ai prévenue de ma visite.

Je teste la poignée de laiton de la grosse porte en chêne, mais elle est verrouillée. Tu es parfois dure d'oreille, alors je frappe plus fort encore, mais toujours sans succès. Je m'obstine. Je fais le tour de la maison pour coller mon nez aux fenêtres. Le voilage reste bien immobile, et ce que je vois des pièces du bas me laisse croire qu'elles sont désertes.

J'observe la maison tandis que je me dirige vers le jardin. C'est une fière demeure encore, mais on sent que la peinture des volets a connu des jours meilleurs. Dans la cour, les lilas et les deux églantiers poussent toujours vaillamment. Cependant, dans les plates-bandes, tes belles plates-bandes jadis si bien entretenues, les lupins commencent à se flétrir au milieu des hémérocalles, et leurs feuilles disputent l'espace aux mauvaises herbes envahissantes. La pelouse est trop longue, et des touffes de chiendent y percent çà et là. Une des chaises de parterre a été renversée par le vent. Je la redresse.

La porte donnant sur le jardin n'est pas fermée à clé. Une imprudence dont il faudra que je t'informe.

J'entre. Aucun chat ne vient m'accueillir. Le tien t'a quittée l'an dernier et tu ne l'as pas remplacé. À l'intérieur, tout est tranquille. Le soleil dessine de longues bandes de poussière jusqu'au carrelage de la cuisine et la maison elle-même sent un peu le renfermé. Tout est sagement rangé, pourtant : pas de déchets pourrissant dans la poubelle, pas un seul verre sale dans l'évier, et le linge à vaisselle plié sur la poignée de la cuisinière est éclatant de propreté.

Dans la salle à manger, où tu ne vas plus, les meubles sont recouverts de housses blanches. Dans le salon attenant, la grosse horloge grand-père garde le silence. Les murs de toutes les pièces conservent la trace en pochoir de toutes les photos qui y étaient accrochées il n'y a encore pas si longtemps et qui s'accumulent maintenant dans des cartons mal identifiés. Dans toute la maison, ne résonnent que les craquements de mes pas sur le parquet de bois et peut-être, lorsque je m'immobilise, le bruit de la tuyauterie vieillissante. Dans le vestibule, la seule trace de vie récente est une pile de lettres et de circulaires, déposées par le facteur dans le passe-lettres au fil des jours et qui se sont amassées au pied de la porte d'entrée. Tout à l'heure, il faudra que j'en fasse le tri.

Nul besoin d'aller au sous-sol, je sais que je ne t'y trouverai pas.

Je pose le pied sur la première marche de l'escalier montant vers l'étage. Même recouverte de son chemin de tapis, elle émet un craquement familier, le bruit qu'elle a toujours fait depuis que cette maison est maison sans doute, un son qui, lors d'une de mes précédentes visites, t'a étonnée.

Je parviens à l'étage. La salle de bain est déserte et les serviettes y sont empilées avec le soin maniaque qu'on prend à faire les chambres d'hôtel. La robinetterie est étincelante, et la savonnette est encore dans son emballage glacé.

Je sais où te trouver. Pas dans ta chambre de toujours, non. Celle-là, il y a longtemps que tu n'y as pas dormi. Dans celle-là, tout repose intouché depuis longtemps. Les photos qui jadis ornaient le tour de ton miroir ont été enlevées et rangées. À présent, tu préfères l'autre chambre, dite « d'amis ». Tu t'y sens plus à l'aise que dans la chambre « des maîtres » devenue pour toi étrangère.

Tu y es, assise dans ton gros fauteuil à bascule tourné légèrement vers la fenêtre, un rai de lumière plongeant dans tes beaux cheveux blancs. Tu regardes dehors avec, en plan sur les genoux, un ouvrage de tricot. Tu ne m'as pas entendue franchir le seuil mais, lorsque je m'approche, le parquet craque de nouveau et tu tournes enfin la tête vers moi. Tu souris immédiatement, l'air de celle qui n'attendait personne, qui ne sait pas trop qui la visite, mais qui est contente d'avoir de la compagnie.

Je tire le petit banc de la coiffeuse basse et, après t'avoir embrassée sur les deux joues, je m'assieds près de toi. De près, je vois que ton tricot a des mailles manquantes et des rangs inégaux, mais sa couleur, mon ton préféré de violet, m'attendrit. Je pose mes mains chaudes sur tes mains froides et je te souris en retour. Je vois dans ton regard que tu fais de gros efforts pour te souvenir. Je ne te demande pas si tu sais qui je suis.

Tu parles de moins en moins, mais ce n'est pas grave, moi, je peux te parler, te donner des nouvelles du monde, des gens dont tu ne te souviens plus. Je ne sais pas si tout cela a quelque sens pour toi, mais je ne peux qu'espérer que certaines de ces images se frayeront un chemin jusqu'aux cellules encore habitées de ton cerveau.

Je peux aussi me contenter de rester là à te tenir la main, à t'embrasser le front, à te faire un câlin.

Tu ne vis plus que dans cette petite pièce, jadis la chambre d'amis, en fait une ancienne chambre d'enfant, une chambre d'ancien enfant. Comme les autres avant, bientôt, celle-ci deviendra trop grande pour toi. Il te faudra déménager dans une chambre qui ne te ressemblera pas, qui ne te semblera, hélas, pas plus étrangère que ta propre demeure dont tu as presque tout oublié. Là, tout le monde entrera sans frapper, ce qui est très bien, parce que tu auras désappris comment répondre. Et tu resteras là, jusqu'à ce que tu sois devenue trop petite pour te rappeler de vivre.

Tu ouvres un livre. Tu as toujours aimé les livres. Tu as toujours lu de manière communicative. Tu lisais souvent deux fois : plongée dans ta lecture, insouciante du monde autour, et quand tu relatais les histoires que tu avais parcourues la veille. On trouvait que tu racontais bien.

Tu ouvres un livre. Tu lis un paragraphe, puis deux, puis trois. Combien de livres as-tu pu lire dans ta vie ? Roman d'amour, polar, pièce de théâtre, livre de cuisine : tu les ouvrais tous et les parcourais avidement. Tu aimais les mondes où ils t'entraînaient.

Tu ouvres un livre. Tu ne sais plus où recommencer. Tu lis le premier paragraphe, le deuxième, le troisième. Le signet a dû se déplacer. L'histoire t'est étrangère. Ce livre n'est pas à toi.

Tu ouvres un livre. Tu décodes les phrases, mais pourquoi ce roman est-il si mal construit ? Il n'est aucun livre que tu n'aies terminé après l'avoir commencé. Alors, tu continues, en suivant de moins en moins l'histoire.

Tu te promènes, une cuiller à la main. Tu te demandes ce que tu es venue faire au salon. Tu rebrousses chemin. Tu regardes ta main, le salon et le reflet d'une femme vieille dans le miroir du vestibule. Tu sais que cela devrait être toi, mais quand es-tu devenue si vieille ? Et pourquoi cette cuiller qui pourtant devrait être à la cuisine ? Cette maison est si grande maintenant, tu en confonds toutes les portes. Tu les ouvres une à une pour vérifier ce qui se trouve derrière. Mais où trouveras-tu à ranger cette cuiller ?

Une odeur familière emplit tes narines. C'est une odeur d'enfance qui te rappelle ta mère. Ou alors est-ce celle d'hier et ta mère t'attend pour souper ? Ton cœur bat plus vite dans ta poitrine. Sous l'odeur de bonne sauce flotte celle de la nourriture qui colle. Ta mère aura fait brûler son souper. Ta mère si dévouée qui ne pense jamais à elle. Elle t'attend...

La cuisine apparaît devant toi, encadrée par les limites de l'embrasure. La pièce est vide mais un plat y mijote dans une tranquille odeur de brûlé. Tu te rappelles de le brasser. Tu te rappelles toutes les recettes à la fois, mais quelle est la bonne ? Tu cherches la cuiller mais elle n'est plus au bout de ta main.

C'est la fête autour de toi. Ou peut-être la chicane. Tu ne sais jamais trop quand ça parle fort. Les gens semblent rire. Ou se disputer. En tout cas, ils haussent le ton. Tu te prends la tête à deux mains.

Je te demande si tu veux te coucher. Tu me dis oui. Je t'accompagne et m'étends près de toi comme tu le faisais quand j'étais petite. Tu as l'air bien. Tu t'endors.

Je regagne ma soirée d'anniversaire. C'est la fête. Les gens rient. Tout le monde parle en même temps. Il y a de la musique. Tu apparais dans la porte du salon. Tu as un air de reproche. Tu dis que nous faisons la fête sans toi. Tu te réinstalles au milieu de nous. Le bruit recommence, et encore ta tête qui te fait mal.

Tu dis que tu veux aller te coucher.

Je t'accompagne.

Tu as un nouveau manteau, un joli manteau de fourrure grise, un chaud manteau d'agneau. Tu glisses tes mains dans son coquet manchon. Tu es prête à affronter les longues neiges dans ta pelisse neuve bouclée.

Tu as perdu ton manteau. Il n'est plus ce qu'il était. Il s'est transformé. L'article que tu avais laissé au vestiaire a mué. Ton manteau a toujours été de vison, des visions de fourrures qui t'habitent à la saison froide. Tu as toujours été coquette, même sous zéro.

Tu as sept manteaux et tu y plonges étonnée tes sept mains. Tu t'en vantes, tu te pavanes dans l'idée douillette. Parfois ils t'inquiètent, ces manteaux, tu les racontes dans ta tête peuplée de souvenirs glacials.

Tu n'as plus de manteau. Les portes sont verrouillées. Il y a longtemps que tu ne te rappelles plus l'hiver.

Ce matin, tu te réveilles ébahie. Tu avais une maison, mais celle-ci n'y ressemble pas. Les couleurs sont fausses, affadies. Et pourtant, il y a les habitudes. Dès que tu te lèves, tout se remet en place. Sans le recours de ton esprit, ton corps sait s'y déplacer.

Cet objet est nouveau aujourd'hui. C'est un pot de terre avec un lys au centre. Tu plonges les doigts dans la terre, tu la saisis à pleines mains. Elle te rappelle quelque chose, mais quoi ? La vie, peut-être, l'odeur du monde...

Tu regardes, penaude, le contenu du vase répandu autour de toi, te demandant pourquoi tout est si sale, soudain. Tu as oublié comment les fleurs poussent, tu les as oubliées elles aussi.

Tu tords dans ta main un coin de couvre-pied fleuri.

Tu dirais que c'est le pire de tout, que le plus atroce fléau est celui qui nous rend étrangers à nous-même. Tu es là, présente, et en même temps perdue dans des bribes de souvenirs qui t'échappent. Tu voudrais te rappeler mais le souffle te manque.

Je ne te demande pas de me reconnaître. Je doute, me doute trop de la réponse, de ta réponse qui ne viendrait peut-être même pas. Te demander de me reconnaître, c'est te mettre face à ton oubli, c'est t'y faire penser. Tu n'as peut-être pas oublié que tu devrais te rappeler.

Je ne sais jamais ce qui est encore là.

« Où est-il ? », me demandes-tu, tandis que nous nous éloignons de l'hôpital.

Je te dis que nous venons juste de le voir, rappelle-toi, qu'il allait bien.

« Je sais que tu ne me dis pas tout », ajoutes-tu.

Je te dis qu'il est à l'hôpital, que ce n'est pas grave, que c'est juste la routine. Je te dis qu'il rentrera bientôt.

« Je suis sûre que tu me caches quelque chose », protestes-tu d'un ton soupçonneux.

Je répète calmement les mêmes paroles rassurantes. Il ne faut pas t'inquiéter. Il rentrera bientôt.

« Qui donc ? », t'enquiers-tu.

Tu mets tout ce temps à oublier. Tu t'es toujours rappelé beaucoup de choses. Tu te souvenais des livres savourés, des mots des encyclopédies, des voyages, longs ou courts, des gens pour lesquels tu avais de la curiosité, tous les numéros de téléphone griffonnés dans ta vie. Tu étais fière de ta mémoire. Alors, tu oublies depuis longtemps et sans doute pour trop longtemps encore, parce que tu étais de celles qui se rappellent tout.

Tu es assise devant moi qui suis assise devant toi. Tu me regardes comme si tu allais dire quelque chose, mais tu te tais. Tu ne parles plus beaucoup. Je sais que, si je choisis les bons mots, le bon ton, je te ferai sourire. Tu n'as pas perdu tes réflexes amusés. Tu es belle quand tu ris.

Dans ton fauteuil d'hôpital, tu me fixes. Tes petites mains vieillies se serrent l'une l'autre comme pour se rassurer qu'elles t'appartiennent. Tu ne te rappelles plus à quoi elles ont servi, tant de mots dactylographiés. Viendra-t-il le moment où tu oublieras qu'elles sont à toi comme tu as oublié qui je suis ?

« Ça ne nous rajeunit pas », dis-je pour meubler le silence. Mais je le dis d'un ton enjoué qui t'interpelle. Et tu souris et ris presque, de ton bel éclat d'avant. Et je goûte ce petit bonheur fugace et de plus en plus rare.

Tu es couchée. La chambre est plongée dans la pénombre. Une petite musique douce joue.

Je te touche. Tu es tiède. Je tire la couverture sur toi.

Ta respiration est un souffle ténu. Je suis sûre que si je cherchais ton pouls je le trouverais à peine.

La vie a oublié de te rappeler.

Tu laisses l'oubli derrière toi. Tu nous fais cadeau des mémoires. Dans ton sillage flottent tes rires, tes plissements de nez quand tu t'esclaffais, les sujets de tes moqueries. Ta parole facile nous reste, elle claque comme les drapeaux blancs, juste et précise. Ton esprit n'en laissait pas passer une, il se met de la partie aussi. Je te sens encore contre moi. Quand je passais mes bras autour de tes épaules, je ne savais jamais qui serrait qui.

Images ciselées de souvenirs
Confondues avec les photos
Racornies comme des pages
De beaux albums grands et pleins
À la couverture passée

Le plastique rayé de la dernière page
Gravé dans la pellicule : tu n'avais pas le droit de
m'oublier
Révolte d'avant
Je polis la page jusqu'à ce qu'elle soit lisse
Et les instantanés dessous

Les images casse-tête, cherchées sans fin
Je les réunis
Elles qui se perdaient dans ta mémoire
(À quoi songeais-tu pendant que tu n'y étais
pas ?)
J'en raccommode l'essentiel

Tu ne cherches plus
Les photos sur le bout des langues
Ton souvenir pour de bon

Mémoire porteuse poreuse[1]

Il y a sept ans à pareille date, j'étais assise dans un canot au milieu de Little Lake, à Peterborough. Il y a six ans, je rêvais de téléporteur. Il y a cinq ans, j'étais à Pellafol, France. Il y a quatre ans, au Métropolis, j'attendais que débute le spectacle de Lisa LeBlanc. Il y a trois ans, c'est à Toronto que je me trouvais. Il y a deux ans, je visitais New York. Ni Facebook ni moi n'avons de souvenir de l'an dernier. Cette année, j'ai fait une balade en voiture avec mon père de 86 ans.

Si, pour ne serait-ce qu'un instant, je pouvais voyager dans le temps, j'utiliserais les minutes qui me seraient imparties pour parler à la Sylvie du passé, pour lui dire que chaque moment est une histoire complète en soi. Je lui conseillerais de savourer chaque microrécit au moment où il s'écrit, car il ne surviendra pas deux fois. Chacune de ces petites histoires, pourtant captivantes et singulières, sera remplacée par d'autres moments uniques, chacun différent et irrépétible. Même si je pouvais me glisser aux mêmes endroits que par

[1] J'emprunte ce jeu de mots au groupe Loco Locass, dans sa chanson de 2004 *La censure pour l'échafaud*.

le passé, je ne serais jamais capable de les revivre de façon identique. Et si je pouvais me faufiler dans la peau de celle que j'étais jadis, les mêmes événements m'apparaîtraient différents parce que, moi, j'ai changé.

L'écriture est un moyen de saisir l'instant. Pas comme dans l'expression *carpe diem*, parce que l'écriture en simultané, tout comme la prise frénétique de photos, masque le réel au moment où il se produit, empêche de vivre le voyage. L'écriture n'est pas une photo qui figerait à jamais une seconde d'intense singularité – quitte à la provoquer, comme le font parfois les photographes. Elle est un cliché à postériori, qui essaie d'embrasser tout le souvenir de l'instant. Dans le petit ou grand écart entre le temps racontant et le temps raconté se situe tout le jeu et tout l'enjeu des récits – ceux du réel ou ceux de la fiction. La poésie, elle qui ne nécessite pas la narration, permet de condenser les temps en une seule énonciation qui les contient tous.

La seconde partie de ce recueil parle de la mémoire perdue, de la frustration d'un déjà-vu qui fuit faute d'assises. À quoi pense la personne atteinte de la maladie d'Alzheimer lorsqu'elle nous regarde sans parler ? Dans son thriller *Memento*, Christopher Nolan a essayé d'imiter l'effet d'amnésie en commençant son récit par la fin, dans un temps donc où les spectateurs n'ont aucune mémoire du passé. C'est peut-être une des métaphores les plus horriblement exactes de la maladie : un récit qui, en quelque point de l'histoire que l'on soit, commence toujours par la fin, est toujours pris au moment de sa chute, sans flashback possible. L'histoire ne se résume alors pas à une ligne, mais à un point qui se déplace dans l'espace tout en demeurant immobile dans le temps.

La première partie de ce recueil parle de la mémoire effacée, des souvenirs qu'on oublie volontairement pour se créer une vie de remplacement, parallèle à ce qui était. Il faut oblitérer le passé pour se créer un nouveau présent, afin d'éviter les interférences. Je ne parle pas de science-fiction mais d'une peine d'amour où l'on se conditionne à oublier l'autre en sa présence, car sinon les deux trames du réel s'affronteraient dans un concert de dissonances cognitives. Dans sa série de science-fiction *Reine de mémoire*, publiée entre 2005 et 2007, Élisabeth Vonarburg recense toutes sortes d'oubli, mais en particulier celui créé par le refus de se rappeler. Elle imagine une Reine Folle proclamant un Édit de Silence visant à imposer l'oubli, à tout un royaume, d'une page d'histoire et de géographie. Le point existerait dans le temps et dans l'espace, mais on ne le verrait pas, à la manière d'une tache aveugle. Celle dont on s'éloigne comme par inadvertance se sent comme ce point aveugle dans un récit amoureux inachevé.

Ce n'est pas pour rien que j'ai commencé cet épilogue par une référence à Facebook. Dans ce monde de l'éternel présent des réseaux sociaux, où les écrits ne restent pas plus que les paroles, où les décès nous sont communiqués en boucle, où les anniversaires de nos relations sont calculés en fonction de notre date d'inscription au site, où l'arbre-*selfie* cache la forêt du réel, où nos témoignages sur Snapchat ne survivent que le temps d'être visionnés par nos amis, heureusement qu'une application existe pour nous rappeler où l'on était « ce jour-là ».

Il n'est peut-être pas anodin non plus que mon rapport à l'oubli soit tel, ici, maintenant. Il y a vingt ans, je suis partie d'une province dont la devise est « Je me souviens » pour aller habiter dans une autre dont les plaques minéralogiques portent la devise « Yours to Discover », qu'on traduit parfois par « Tant à découvrir ». Entre la mémoire longue mais sélective d'un Québec dont on ne sait s'il se rappelle sa gloire ou les torts passés, et l'espace intemporel d'un Ontario qu'on découvre constamment, il y a tout un rapport à l'histoire qui s'exprime. Une histoire québécoise et canadienne-française qu'on ne se rappelle pas ou qu'on se rappelle de manière parcellaire, une histoire qu'on essaie parfois aussi de remplacer par cent-cinquante courtes années ; une histoire ontarienne qu'on est condamnés à toujours refaire partir de zéro dans une perpétuelle griserie exploratoire. Quant à l'Ontario français, il se cherche encore une devise officielle, mais on ne peut pas dire que celle de l'ACFO, « Nous sommes, nous serons », contient beaucoup de passé non plus !

J'imagine que mon écriture se / me situe à la convergence de toutes ces mémoires, privées et politiques. Des mémoires effacées de force, par la maladie, la mauvaise foi, ou en raison de la faible capacité de l'espace mémoire, d'une nécessité de se réinitialiser. Des oublis tristes ou opportunistes que cherchent à combler les mots.

Peterborough, 19 juin 2017.

FSC
www.fsc.org
MIXTE
Papier issu de
sources responsables
FSC® C100212

Achevé d'imprimer
en octobre 2017 sur les presses
de l'Imprimerie Gauvin, à Gatineau (Québec).